Ernst Wilhelm Lotz

Wolkenüberflaggt

Gedichte

Ernst Wilhelm Lotz

Wolkenüberflaggt
Gedichte

ISBN/EAN: 9783337360078

Hergestellt in Europa, USA, Kanada, Australien, Japan

Cover: Foto ©Thomas Meinert / pixelio.de

Weitere Bücher finden Sie auf **www.hansebooks.com**

.

WOLKENÜBERFLAGGT

GEDICHTE
VON
ERNST WILHELM LOTZ

LEIPZIG
KURT WOLFF VERLAG
1917

Gedruckt bei E. Haberland in Leipzig-R. Herbst 1916
als sechsunddreißigster Band der Bücherei
„Der jüngste Tag"

4

ERSTER TEIL.
I.
GLANZGESANG

GLANZGESANG

Von blauem Tuch umspannt und rotem Kragen,
Ich war ein Fähnrich und ein junger Offizier.
Doch jene Tage, die verträumt manchmal in meine
    Nächte ragen,
Gehören nicht mehr mir.

Im großen Trott bin ich auf harten Straßen
    mitgeschritten,
Vom Staub der Märsche und vom grünen Wind besonnt.
Ich bin durch staunende Dörfer, durch Ströme und alte
    Städte geritten,
Und das Leben war wehend blond.

Die Biwakfeuer flammten wie Sterne im Tale,
Und hatten den Himmel zu ihrem Spiegel gemacht,
Von schwarzen Bergen drohten des Feindes Alarm-
    Fanale,
Und Feuerballen zersprangen prasselnd in Nacht.

So kam ich, braun vom Sommer und hart von
    Winterkriegen,
In große Kontore, die staubig rochen herein,
Da mußte ich meinen Rücken zur Sichel biegen
Und Zahlen mit spitzen Fingern in Bücher reihn.

Und irgendwo hingen die grünen Küsten der Fernen,
Ein Duft von Palmen kam schwankend vom Hafen
    geweht,
Weiß rasteten Karawanen an Wüsten-Zisternen,
Die Häupter gläubig nach Osten gedreht.

Auf Ozeanen zogen die großen Fronten

Der Schiffe, von fliegenden Fischen kühl überschwirrt,
Und breiter Prärien glitzernde Horizonte
Umkreisen Gespanne, für lange Fahrten geschirrt.

Von Kameruns unergründlichen Wäldern umsungen,
Vom mörderischen Brodem des Bodens umloht,
Gehorchten zitternde Wilde, von Geißeln der Weißen
        umschwungen,
Und schwarz von Kannibalen der glühenden Wälder
        umdroht!

Amerikas große Städte brausten im Grauen,
Die Riesenkräne griffen mit heiserm Geschrei
In die Bäuche der Schiffe, die Frachten zu stauen,
Und Eisenbahnen donnerten landwärts vom Kai. — —
        —

So hab ich nachbarlich alle Zonen gesehen,
Rings von den Pulten grünten die Inseln der Welt,
Ich fühlte den Erdball rauchend sich unter mir drehen,
Zu rasender Fahrt um die Sonne geschnellt. — — —

Da warf ich dem Chef an den Kopf seine Kladden!
Und stürmte mit wütendem Lachen zur Türe hinaus.
Und saß durch Tage und Nächte mit satten und glatten
Bekannten bei kosmischem Schwatzen im Kaffeehaus.

Und einmal sank ich rückwärts in die Kissen,
Von einem angstvoll ungeheuren Druck zermalmt. —
Da sah ich: Daß in vagen Finsternissen
Noch sternestumme Zukunft vor mir qualmt.

IN DEINEM ZIMMER

In deinem Zimmer fand ich meine Stätte.
In deinem Zimmer weiß ich wer ich bin.
Ich liege tagelang in deinem Bette
Und schmiege meinen Körper an dich hin.

Ich fühle Tage wechseln und Kalender
Am Laken, das uns frisch bereitet liegt,
Ich staune manchmal still am Bettgeländer,
Wie himmlisch lachend man die Zeit besiegt.

Bisweilen steigt aus fernen Straßen unten
Ein Ton zu unserm Federwolkenraum,
Den schlingen wir verschlafen in die bunten
Gobelins, gewirkt aus Küssen, Liebe, Traum.

DER TÄNZER

Ich weiß, daß ich in lichtem Traume bin,
Der mich bewege und mich himmlisch quäle:
Ich tanze über blanke Treppen hin,
Die auf und nieder gehn durch weite Säle.

Ich gleite ungehüllt auf nackten Füßen,
Viel Lichter breiten mir den Schaukelgang,
Mein Körper biegt sich spielend in dem süßen
Gefühl der Wellen und der Glieder Drang.

Und meine Augen langen in die Runde,
Wo drunten viele Hundert Männer stehn,
Die aufwärts starren mit beschämten Munde
Und lüstern meine rühren Reize sehn.

Vorüber tanze ich den langen Blicken,
Durchpulst von einem eigen-sichern Schwung:
Ich weiß, ich banne hundert von Geschicken
In meines Leibes weißen Wellensprung.

Die Wände dehnen sich. Die Sterne scheinen
Vereist herein. Getilgt sind Raum und Zeit.
Und aller Erde Mannheit, sich um mich zu einen,
Umwogt die runde Fahne meiner Mannbarkeit.

LICHT

Licht umzieht mich, umsingt mich, umfließt mich,
Spielend lasse ich meine Glieder im Fließenden plätschern
—

Ein blankes Bassin umspannt mich die Straße,
Weit, weich, wiegend
Ich wasche mich ganz rein.
Aus euren Köpfen, ihr schwimmenden Straßenwanderer,
Die ihr nichts von mir wißt,
Gebrauche ich schimmerndes Augenweiß, meinen Leib
    zu bedecken,
Hell zu beschäumen,
Meinen jung sich hinbiegenden Schwimmerleib.
O wie ich hinfließe im Licht,
O wie ich zergehe,
Wie ich mich durchsichtig singe im Licht.

FRÜHLINGSATEM

Eine Liebesfrohheit hat meine Wangen rot gepudert.
Mein Atem mischt sich weich dem Tagwind.

Wo ich die Straßen betrete, sind sie zum Festzug bereitet,
Ein blumiges Schauvolk festschreitet und gleitet.

Menschen erwartungs-groß haben sich aufgestellt,
Aus allen Fenstern kommen Blicke zu mir Sonntag-
    erhellt.
Mit bloßem Kopf und mit vor Jungkraft federnden Zehen
Muß ich immer und immer wieder durch Sonnenstraßen
    gehen.

Ich habe ein fernblaues Mädchen, am Ende der Straße
    erschaut,
Das liebruhelos Säulen von Sonnenstaub vor mir baut.

Und während ich gehe, geht in meiner Herzbrust jemand
    mit viel schnelleren Füßen.
Und ruft: Wir werden heut küssen!
Weichluft-umschlungen verzittert mein Jubelschrei hinab
    in die Brust.
Und mein Atem strömt ab in den Wind.
Von Dächern weht ein Gelächter.

DIE LUFT STEHT GRÜNVERSCHLEIERT ...

Die Luft steht grünverschleiert in der Sonnenzeit.
Meine Fenster, die auf die Wasser zeigen,
Holen in ihre Rahmen herüber die Häuserbänke,
Die stromüber weiß in den Mittag schweigen.
Meine Zimmer saugen in sich volle Süßigkeit.
Und meine Augen, die in der lauen Luft entschweben
Müssen ihr eigenes Leben im Blauen leben.

DER ZÄRTLING

Es werden Zeiten kommen, ernst, schwere,
Die mich umpacken mit beschwielter Hand,
Sie finden mich in unbereiter Wehre
Und Gliedern, solchen Zwanges unbekannt.

Dann werd' ich hingewühlt in Betten dämmern,
In Traumflucht hüten meinen müden Sinn
Und an der Adern matt gewohntem Hämmern
Verzärtelt wähnen, daß ich lebend bin.

Und Tage werden nah vorüberschreiten,
Freigütige Hände nach mir ausgestreckt,
Ich aber, in des Blutes Heimlichkeiten
Versponnen, träume weiter ungeweckt.

O ernste Träume werden mich durchhallen,
Und Sonnen werden pendeln durch mein Blut
Und junge Sterne sich zusammenballen
Um mich, gesäugt von meiner Schöpferglut.

Es werden Zeiten kommen, ernste, schwere,
Doch ich entgleite ihrer harten Zucht
Und gründe fern, in selbstgewollter Leere,
Ein Haus, durchdröhnt von meiner Träume Wucht.

BEGREIFT!

Von Dumpfheit summt das halbe Kaffeehaus,
Das halbe ist getaucht in leichtes Glühen
Und flackert in den Lampentag hinaus,
Wo dünne Nebel an die Scheiben sprühen.

Es wollen ernste Freunde mich bedeuten,
Ich sei zu leicht für diese Gründerjahre,
Weil ich, statt kampfgenössisch Sturm zu läuten,
Auf blauer Gondel durch den Äther fahre.

Ich sah bisher nur Zeitungsfahnenwische
Und warte längst auf Barrikadenschrei,
Daß ich mich heiß in eure Reihen mische,
Besonnt vom Wind des ersten Völkermai!

Den Kopf ganz rot, malt ihr Kulissenbrand
Und überträumt die Zeiten mit Besingung.
Begreift: Ich wirke, spielend freier Hand,
Mein helles Ethos silberner Beschwingung!

DER SCHWEBENDE

Meine Jugend hängt um mich wie Schlaf.
Dickicht, Lichter — berieselt. Garten. Ein blitzender See.
Und drüber geweht die Wolken, die zögernden, leichten.

Irrlichternd spiele ich durch greise Straßen,
Und aus dem Qualmen toter Kellerfenster
Lacht dumpfe Qual im Krampfe zu mir auf.

Da heb ich meine lächelnd schmalen Hände
Und breite einen Schleier von Musik
Sehr süß und müde machend um mich aus.

Und meine Füße treten in den Garten
Der Abend trank. Die Liebespaare, dunkel, tief,
    erglühend,
Stöhnen, verirrt ins Blut, auf vor der Qual des Mai.

Da schüttle ich mein weiches Haar im Winde,
Und rote Düfte reifer Sommerträume
Umwiegen meinen silberleichten Gang.

Blaß friert ein Fenster, angelehnt im Winde.
Drauß heiser greller Schrei und Weinen singen
Um einen Toten auf der dunklen Fahrt.

Ich schließe meine Augen, schwere Wimpern,
Und sehe Ländereien grün vor Süden,
Und Fernen zärtlich weit für Träumereien.

Ein glänzend helles Kaffehaus, voll Stimmen
Und voll Gebärden, lichtet sich, zerteilt.
An blanken Tischen sitzen meine Freunde.

Sie sprechen helle Worte in das Licht.

Und jeder spricht für sich und sagt es deutlich,
Und alle singen schwer im tiefen Chor:

Drei Worte, die ich nie begreifen werde,
Und die erhaben sind, voll Drang und Staunen,
Die dunkle Drei der: Hunger, Liebe, Tod.

II.
WOLKENÜBERFLAGGT

WOLKENÜBERFLAGGT

Blei-weiß die Fläche. Wolkenüberflaggt,
Darein zwei Segel schwarze Furchen graben.
Zwei Uferbäume ragen hochgezackt,
Die frühes Traumgrün auf den Zweigen haben.

Zwei Hunde keuchen übers Ufergras
Und wollen eine heiße Stunde jagen.
Zwei Schüler kommen, schlank und Bücher-blaß,
Die scheue Liebe wie zwei Leuchter tragen.

Ein junger Dichter wacht auf einer Bank
Und spricht, die Hände um sein Knie gefaltet:
„Wie sind die Dinge heute Sehnsuchts-krank!"

Und als er aufblickt, hat sich neu gestaltet
Die Welt und ist erschütternd tränenblank, —
„Was," ruft er, „hat mein Herz denn so zerspaltet!"

ICH FLAMME DAS GASLICHT AN . . .

Ich flamme das Gaslicht an.
Aufrollendes Staunen umprallt die vier Zimmerwände.
Ich fühle mich dünn in der Mitte stehn,
Verkrampft in Taschen klein meine Hände,
Und muß dies alles sehn:

Die Mauern bauchen aus, von Dröhnen geschwellt:
Die Tafeln von Jahrtausend-Meistern dröhnen in ihren
     Flanken,
Von Halleluja-Geistern hinziehend musizierende
     Gedanken!
Ich erblicke mich schwimmend klein da hinein gestellt
Mit winzigem Stöhnen und Krampf
Vor solchem wogenhaft wuchtenden Tönen
Und solchem siegsicher schwingenden Wolkenkampf!

O so Gott zwingende Werke!
Ein spitzer Pinselstrich zerstiebt mich blind
Mit machtheiterm Wind und lässiger Stärke!

Meine Brust empört sich über dies brausende Sein.
Tief ziehe ich die Luft der Wände ein
— Diese Flut, diese Glut! —
Und stoße sie aus mir mit Husten und Speien:
Blut! Blut!

Und versinke in eisdurchwehte Nächte.
Und weiß, der Tod reckt unten seine Arme aus. —
Doch über mich hin fährt ein Gebraus
Springender Hufen und Leiber und sonnhafter Prächte
     und Mächte!

WEISS ÜBER DEN WEITEN . . .

Weiß über den Weiten
Blendet das Meer.
Und blaue Wolken rauchen,
Steht mit den Gezeiten
Segel-fächert ein stürmend großer Traum daher.
Und hält dumpf schattend. Die See geht schwer.
Aus dürren Masten hörst du graue Stimmen fauchen.
Dann ebbt es weg. Und deine Angst, die dich
    umschnürte,
Wird Sehnsucht, die Musik mit weichem Strahl berührte.
    —

Verstört fühlst du die Segel untertauchen.

SCHLAF-WACH

Zum Schlag der Nachtuhr schwingt mein Blut das
    Pendel.
Ich liege ausgereckt.
Und warte atmend. — Stunden rauschen auf.
Und jede Stunde hält ein kreisendes Licht.
Ein tief bedeckter Gang zeigt in die Ferne,
Vom Stundenlicht bedämmert.

Mein Auge starrt beglänzt.

Nachthelle Stunden!

Ihr könntet schaukelnde Schmetterlinge sein,
Maibunt bemustert und Pfauenaug-gefiedert.

Ihr könntet summen, getragen auf Akkorden,
Dom-Hallend, weit, durch Türen, Läden und Stille,
Herschwingende, versponnene Musik.

Die Nacht ist bunt und glücklich.
Vor meinen Augen baut sich ein taumelndes Kugelspiel
    aus Glaskugeln.

Mit weichen Glöckchen macht sie ein Ohrengeklingel.

Dann zupft sie hoch von wasserrauschenden Bäumen
— Das wogt und fächert —
Viel erdbeergroße rote Beeren herab.
Sie spielt damit umher und schnellt sie und fängt sie
Und singt verweht einen Kinderreim.
Und nimmt sie zusammen und reiht sie und schwingt sie
Im Kreis bunt und rund
Und wirft sie um meinen Mund. —

Rotglühend brennt ein lutschend-süßer Kuß!
Die Nacht ist bunt und zeitlos glücklich.

ABENDSPIEL

Die kleinen Kinder sitzen auf den Stufen vor dem Haus,
Sind eng gerückt und spielen Große, die sich streng
    besuchen.
Manchmal fällt einem Mädchen ein Lachen aus dem
    Halse heraus.

Ich spiele auch. Ich spiele ein herzkindliches Spiel.
Ich spiele eine Kette von Kindern, einen rosinfarbenen
    Kranz,
Hinauf in die trunkene Luft, in der Sonne
    Untergangsspiel.
Ich spiele mich eifrig und heiß und rot und werde
    leuchtend in unnatürlichem Glanz,
Mein Werkstaunen schwillt übergroß und wird mir
    zuviel: —

Stark in der Wolken hinschwingendes Lichten
Werf ich, jäh frei gekrallt aus meinem Leib, mein Herz,
    das Flammen facht!
Zerdonnernd dumpf verschwimmt das Höhenspiel zu
    bleichen Schichten,
Und wo ich hintraf, steht ein großer Stern und leuchtet
    und ist ein tiefes Auge in die Nacht.

UND SCHÖNE RAUBTIERFLECKEN . . .

Bist du es denn?
Groß aus dem Weltraum nachts, der Spiegel ist,
Tönt dein zerwehtes Bildnis in meine Seele.
Die Sterne durchziehen harfend deine Brust.
Du aber . . .

Du glänzt vielleicht versehnt im weißen Federbett,
Traum liegt dir hart im Schoß. —

Oder ein junger Liebling
Zieht fühlsam mit zeichnendem Finger
Die festen Runden deiner Brüste nach.
Ihr seid sehr heiß.
Und schöne Raubtierflecken zieren eure Rücken.

ICH SCHLEPPE MEINE STUNDEN...

Laß mich meine Hände um deine Gelenke spannen
Und meine Stirn an deine Schulter lehnen,
O du umträumte Geliebte!

Ich schleppe meine Stunden durch Straßen, Kontore und
        windige Treppenhäuser,
Und alle Augen, die mir begegnen, sind behauchte
        Scheiben,
Hinter denen, in Rechnen-Folianten geduckt,
Ein Seelen-Jemand vor grün verdeckter Lampe dämmert.

Mädchen, wenn ich meine Augen in deine warmen
        Hände presse,
Dann steigt so dunkel und weich um mich auf,
Daß ich träume, ich sei bei meiner Mutter,
Tief bei meiner Mutter in der Blutnacht.

SPÄT ÜBER DEN HÄUSERN ...

Spät über den Häusern,
Wann die Dächer von Farben tropfen,
Kniest du bei mir am Fenster auf dem Schemel.
Ein Wundern bebt in mir,
Ich fühle deine Pulse klopfen,
Als lebte dein Blut in mir. —

Kannst du das fest begreifend sehen:
Wie ich am Fenster lehne
Und, weich beglüht,
Die Arme in das Licht hinüberdehne.
Mit meinen Fingern pflück ich aus den grünen Grüften
Die kleine abendfarbne Tanzmusik vom Kaffehaus.
In meinen Händen wird sie groß und lodert in den
      Sommerlüften.

Auf einmal wächst vom goldnen Horizont,
Weiß, riesengroß und spät besonnt,
Dein hingeträumter Leib heraus:

Da spanne ich meine Arme weit
Durch bunt verhängte Abenddämmerungen
Um deines Leibes Traumverlorenheit,
Mädchen! und halte dich dort über Dächern und der
      Zeit,
Wie hier am Fenster, märchenfest umschlungen!

DEINE HÄNDE

Jetzt bin ich lüstern nach deinen Händen.
Wenn sie die meinen begrüßend drücken,
Können sie Weltraum-staunend beglücken.
Deine Hände führen ein selbstgewolltes, stilles Leben,
Ich habe mich deinen Händen ergeben!
Nun dürfen sie mich begreifen und fassen,
Zu deinen Höhen, mit Blicken nach Weiten,
Mich geschenkgütig heben.
Spielerisch aber werden sie mich übergleiten
Und am Wege hier liegen lassen.

AN ERNST STADLER

Ich grüße dich in der Ferne, ich begrüße deine weit
    spannende Nähe!
Du, den ich nicht kenne.
Aber ich sehe und erkenne hell deine ziehende Stimme
Hin durch die Abendzonen meines frühen Grams:

Die braunen Länder, die von Wolken triefen,
Sind noch vom Weilen meiner Füße jung,
Von Wünschen schwebend noch, die leuchtend aus mir
    riefen,
Neu wie das Meer, das sich dahinter weitet,
Darüber noch von jüngster Fahrt beschwingte Dünung
    kreisend gleitet.

Meine Stimme, in deine Bezirke verschlagen,
Ward ergriffen, begriffen von dir
Und reif und gereinigt mir zugetragen.

In mancher Stunde verwitterter Nacht,
Bevor ich wußte von deinem durchbluteten Wesen,
Habe ich dich erdacht und lebendig gemacht
Und deine Bruderverse mir vorgelesen.

Und als ich dich sah, atmend nah, hell und zu
    glühenden Worten gekühlt,
Wußte ich: Alles ist da! Alles lebt, was man mit
    Wünschen erfühlt!

III.
BILDER

DIE HEIDE-TOURISTEN

Sie liegen wie gemäht im Heidekraut.
In ihren Köpfen stecken kurze Pfeifen.
Rauch quillt. Verweht. — Ein harter Mittag blaut.
Licht glüht herab in breiten Strahlenstreifen.

Einer sitzt wach mit vorgestrecktem Haupt.
In seiner Hand blinkt eine Mandoline.
Sein Blick stößt vor, daß er der Landschaft raubt
Ein braunes Lied, das seiner Sehnsucht diene.

Um ihn die Schläfer träumen von der Stadt.
Der Traum warf sie zurück in ihre Zinnen,
Ins Trübe, das sie sonst umdüstert hat.
Die helle Heide sank von ihren Sinnen.

Doch jeder hat sein Mädchen dort. Das brennt
Jetzt rötlich auf in ihren müden Hirnen.
Und der, der einsam wacht und sieht, erkennt
Das kleine Licht auf ihren braunen Stirnen.

Und stark in gelbe Ferne späht er wieder.
Schwül wogt sein Blut und trübt ihm sein Gesicht. —
Hell auf den Höhen stehen viele Lieder,
Doch er ist sehnsuchtsblind und sieht sie nicht.

Die Mandoline blinkt auf seinen Knien.
Noch stumm und wartend, da die andern wachen.
Und langsam folgt er, als sie weiterziehn.
Und sonderbar tönt ihm ihr gutes Lachen.

ELBSTRAND

Der Strand glänzt prall besonnt und badehell.
Es wimmelt um die Zelte wie von Maden.
Die aufgesteckte Wäsche blendet grell,
Und Mondschein kommt von Leibern, welche baden.

Vom Meere weht ein Wind mit Salz und Teer
Und kitzelt derb die Stadt-verweichten Lungen.
Da springt ein Lachen auf dem Strand umher,
Und unvermutet redet man mit Zungen.

Ein großer Dampfer kommt vom Ozean.
Stark ruft sein Baß. Die Luft wird plötzlich trüber.
Man drängt ans Wasser kindlich nah heran.
Ein Atem braust. Die Woermann schwimmt vorüber.

Die Zeltstadt glänzt bevölkert wieder bald.
Wir wandern langsam durch die hellen Reihen.
Und hören hier: Es kam ein Palmenwald,
Ein ganzes Land mit Düften, Negern, Affen, Papageien.

ERSTER MAI

Gesang der Scharen, vom Frühling geschürt, das
    wiegende Schreiten gegliederter Prozessionen,
Schwank durch die Gartenbäume flammten ihre Farben,
    heiß und vom Winde geschleift,
Irr in den Lüften taumelten ihre Worte, ihr Haß und ihr
    Traum von zerbrechenden Thronen,
Kühn, maßlos war der Frühling zum Blühen und war
    verwintertes Blut zu drohendem Atem gereift!

Klirrend erwachten aus Häuserfenstern verziekelte Bärte,
Kaum erfühlbar geschüttelt von blaß gerötetem Staunen
    ihr schüchterner Halt,
Brillenbepanzerte Professoren blinzelten schreckliche
    Härte
Und kauten manierliche Worte, belegt mit Attacken, mit
    Waffen, Qualm und Gewalt!

Aber die Jünglinge, wirr entsprungene Söhne der
    fenstergehaltenen Alten,
Folgten mit ängstlichen Wundern von ferne den schwer
    Fortziehenden nach,
Und sie fühlten sich heldisch durchglüht, als sie
    verstohlene Fäuste in Taschen ballten,
Leuchtend von Träumen des Tages, der Barrikaden und
    Flammen versprach.

DER PROPHET

Du schwankest gramvoll durch die Stadt, von Leuten
In Zobel und dem grauen Volk verhöhnt,
Und achtest scheu, wie sie Verlästrung deuten
Nach deinem Haupt, von Jahren grau gekrönt.

Plakate tragen sie, Karikaturen
Auf dich, der mühsam tastet, Schritt für Schritt,
Sie folgen kichernd deinen Spuren
Und lockend tuschelnd deine Freunde mit. —

Hell ein Barbier aus seinem Laden tänzelt,
Er schlägt das Seifenbecken mit der Hand.
Ein Schneidermeister kommt herangeschwänzelt
Und mißt zum Spott dich mit dem Meterband.

Ich messe, ruft er höhnisch, Ihre Größe:
Ein Kilometer reichte kaum! — —
Aufbäumt sich wiehernd ein Getöse
Und füllt mit Echo hoch den Straßenraum.

Ein großer Kaufmann schwenkt mit dem Zylinder,
Verbeugt sich tief und höhnt dich: Herrlichkeit! —
Das war ein Spaß für Narren und für Kinder.
Sie klatschen wild. Du gehst. Sie folgen breit.

Schwarz ist die Straße ganz von ihrem Drängen,
Wie Aufruhr laut und toll wie Karneval.
Die Tollheit brach aus träg gewohnten Strängen
Und feiert dir ein Narrenbacchanal.

Ihr kommt vorbei an hohen Kirchenstufen.
Du steigst hinauf. Dort bleibst du staunend stehn.
Tief, völkerstimmig brandet an ihr Rufen,

Wie hohes Meer geht ihrer Mützen Wehn.

Dann zischen sie nach Stille in der Runde.
Ein Schweigen kocht und summt zu dir heran.
Und lüstern starren sie nach deinem Munde:
Ein Wort vom großen, Spott-verhaßten Mann!

Fanatisch, wie die Blicke an dir saugen!
Sie fiebern schon. Und warten Gierde-steif.
Und sind gebannt von deinen Strahlenaugen.
Sind fromm. Und sind für deine Größe reif.

Wie liebe Kinder sind sie anzusehen,
So folgsam nun, als vorher übertoll. —
Ganz vorne konnte man ein Wort verstehen,
Das dir entfiel: Gott! Sie sind wundervoll!

DIE STRASSE

Auf violetten Dünsten schwimmen Lichter
Von brennend hohem Gelb. Du tauchst hinein,
Gewirbelt blindlings in ein Meer Gesichter,
Blaß, atmend nah. Versinkst. Und bist allein.

Nur du. Zum Prüfen fühlst du deine Hände
Und weißt, du träumst. Der Traum steigt weiß empor.
Vor dir erkennst du steile Straßenwände,
Behängt mit seltsam hellem Lichterflor.

Dein Ohr ist zu. Nur deine Augen fühlen.
Quer zeigt die Straße durch den Sternenwald.
Die Sternenzweige, die vorüberspühlen,
Bildtäuschen Göttergesten und manche Tiergestalt.

Du selbst ein Stern. Du tönst. Dich kannst du hören
Hinklingen durch das All. Du träumst und schwimmst
In Töne-Träumen, die dich leuchtend schön betören,
Daß du sie für der andern Wohllaut nimmst.

Wo ist die Sonne, die dich zirkelnd bindet?
Versäumt. Du steuerst fort. Es ist zu spät.
Um deine Feuerbahn nachschleifend windet
Sich hell ein Schweif. — Stürm glühend fort Komet!

KEINE STERNE

Die Straße dehnt sich lang in rote Ferne.
Die Lampen glühen prall das Pflaster an.
Ich blick hinauf. Sehr dringend. Doch die Sterne
Sind lichtverwischt und zeigen sich nicht an.

Das macht mich traurig in der lauten Gasse.
Doch ich bin jung und gräme mich nicht gern.
Ich schau umher. Und finde lauter blasse,
Totmatte Augen. Keinen Augenstern.

Entmutigt lasse ich mich vom Strome treiben,
Die Hände tief in Taschen, durch die Stadt.
Und weiß, ich werde heute Verse schreiben,
Verhängt wie Sterne und wie Augen matt.

ERSCHEINUNG

Ich tanze die Treppen herab mit federnden Sehnen.
Mit glänzend geöffneten Augen fühle ich Straßen hin.

Aber der Tag ist schwierig im Winterdämmern.
Die Straßen biegen aus und flackern davon.
Ein Schatten überspringt mich, ein schmerzliches
    Wundern:
Die Wagen und Autos meiden mich in Flucht,
Die Straßenbahnen kreischen auf in den Strängen,
Um die Ecke schnellend läuten sie Not.
Und Menschen, schwarz, heftig und windgeweht,
— Ihr rot umworbene Richter meiner Empfindungen! —
Stürmen vorüber, wirr fuchtelnd mit Fluchtgebärde,
Steif zeigen Finger nach meiner Stirn.
Und alles, was da war begriffen, ungreifbar,
Legt zwischen mich und sich einen Raum!
Staub hebt sich auf und begibt sich von dannen!

Nur — O Traum besonnter Beruhigung! —
Ein Fenster im Dach — Auge, blinkend verirrt!
Scheibe, zerscherbt und der Armen Lichtschenker! —
Hält sich, gern gebend, plötzlichem Strahl der
    Scheidesonne hin.
Rührend empfangen, senkt sich der Funke auf mich,
Daß ich in Geleucht starr stehe wie ein Gott in der
    Fremde. —

Kommen da nicht aus allen Winkeln,
Den Türen, Läden, den Fenstern und Wagen,
Aus schwarz quellender Fülle der Torwege,
Aus Seitengassen, wo Janhagel pfiff —

41

Kommen nicht lauter sehr schüchterne Lichter,
Still flackernde Augen her, her zu mir!

Das was ich suchen ging: Suchende Augen!
Was mich erschüttert und emporfedert!

Was mir wie schluchzendes Jauchzen nach Innen
    schlägt:
Gefundene suchende Augen!

Hell schwimmen sie mir entgegen, glitzernde Wellen.
Ich bade mich, umtastet von ihrem Staunen.

Heilig frierend, bin ich der Sieger, bin der Prophet und
    der König. —
Denn seht: Ich schöpfe die Frage aus euren Augen, den
    Glanz und das Leben.

MOTIV AUS DER VORSTADT

Da nun die Stadt im fahlen Dampfe lagert
Und schwebend überwölkt von gelber Glocke,
Gehalten von den Lichtern tiefer Mauern,

Da dünn der Mond und wirklos in den Wolken magert
Und merklos spärlich manche Winterflocke
Hernniederschneit und bleicht und schmilzt nach kurzem
    Dauern:

Wer hilft mir tragen dieses matte Scheinen
Unwirklicher Gebärden solcher Nächte!
Wer zündet mir den Schrei, der dies Gewebe

Traumzager Mächte zerreiße und diesen bleichen, feinen,
Spinnfadendünnen Gesichtern Zerrüttung brächte:
Daß plötzlich groß und glutdurchzuckt die Nacht
    auflebe!

ZWEITER TEIL.
IV.
SÜDEN

GEBT MIR PARKETT.
ICH WILL DEN GANGES TANZEN . . .

Gebt mir Parkett. Ich will den Ganges tanzen.
Ich bin beschwingt und reif entkernt.
Von meinen Füßen kreisle Wüstenwind
In eure Unterröcke sanfte Damen.
Ich höre Sommer brodeln. Und die Affen
Schrieen die ganze Nacht in meinem Haar.
Mein Mund ist heiser von dem Rot der Wünsche,
Und meine Wellenhand ist blank von Krampf. —
Fallt, Uferlose! Oder atmet Süden.
Aus meiner Lenden hochgestrengtem Rausch! —
Ihr dumpfen Feinde meiner Leidenschaft:
Ich weiß von Gott nichts als das Amen,
Das meine Stirn im Niedersinken lallt.
Wenn glänzend fremde Zonen sie besonnten.
Und mein Gebet ist das besternte Staunen,
Das ich nicht sagen darf: — Denn alle Weiten
Der Ebenen, Meere und der Liebe Blutgestammel
Traten wie Traum heraus vor meinen Mund.

IN GELBEN BUCHTEN SOGEN
WIR DER FERNEN . . .

In gelben Buchten sogen wir der Fernen
Verspühlte Lüfte, die von Städten wissen,
Wo Lüste grünen, angerührt vom Wahnsinn.
Wir schwammen auf dem Fieberschiff stromauf
Und sonnten unsre Leiber an dem Buhlen
Waldheißer Panther, die der Sommer quält.
Der Klapperschlange nacktes Schlammgeringel
Wand sich verstört, als wir vorüberkamen,
Und in verschlafenen Dörfern gurgelte die Lust.
Ein warmer, satter Wind strich durch die Palmen. —
Ich sah dich weiß von Schlaf.
Und als ich von dir ebbte, hoch gehoben
Von meinem stolzen, satt gestürmten Blut:
O Sturm der Nächte, der mich Blut-wärts zog
Zu kühnen, nie entdeckten Ländergürteln:
O schwül Geliebte! Strom der Geheimnisse!
Verschlafenes Land! Im Süden! O Sommer-Qual!

TORKELTE MIR VOM KOPF DER
SCHLAF ...

Torkelte mir vom Kopf der Schlaf,
Stieß ich das Fenster auf in die Nacht,
Kamen die Süchte mit schneidendem Flügelschlagen
Und haben im Niederstürzen mich brandig gemacht.

Daß die Abende dürftiger flammen!
Und die Nächte windig und düster durchbrannt! —
Ehemals in verschlafenen Wasserbuchten
Weiß kamen die Träume und zitterten silbern zum Land,

Zogen die Vögel in sonnigen Streifen
Unter dem Nachtlicht nach Norden verweht,
Unsere Glieder tranken das Buchtengrün,
Und die Wälder der Tiefe vermählten uns spät. —

Haben wir uns im Rausche verloren,
Müde verspühlt vom Wasser, als Schlaf auf uns fiel? —
Meine Gesänge durchhallen die Meere
Und rufen nach Dir, meine Nächte versilberndes Spiel!

DEINE HAARE WAREN MIR SOMMER UND GARTENGLÜCK ...

Deine Haare waren mir Sommer und Gartenglück,
An die Vorstadt gebaut. Weite und Wehen.
Da fand ich Traum und Körper. Und den Wind,
Der meine frühen Nächte überflammte. —
Nun gleite ich manchmal kühl in Booten,
Mit hartem Hals:
Und ich begreife, daß ich einsam bin.

ICH BIN EIN HAUS
AUS TIEF GEFÜGTEM GLAS ...

Ich bin ein Haus aus tief gefügtem Glas.
Nun kommen alle Menschen, kühl wie Schatten,
In meine Brunst und feiern weiche Feste.
Glanz, meine Kuppel, die im Klaren tönt,
Ein leiser Riß durchzittert ihre Stimme:
Du Ferne. Gleitende. Du Klang im Wind!

Die Wagen, die in wachen Straßen
Schwebten,
Wissen um deinen Gang
In zager Nacht.

In dunklen Türmen, die den Abend riefen,
Versammeln sich die ungekühlten Fernen:

Ich wünsche Dich!
Das Eis zerriß in Schollen:
So schrien meine Hände
Nach dem Zwei!

Schon krönten junge Lauben meinen Schlaf,
Doch schrille Lichter blendeten den Frühling. —
O Taumellose. Groß. Im Städtewald!

WIR FANDEN GLANZ, FANDEN EIN MEER,
WERKSTATT UND UNS . . .

Wir fanden Glanz, fanden ein Meer, Werkstatt und uns.
Zur Nacht, eine Sichel sang vor unserm Fenster.
Auf unsern Stimmen fuhren wir hinauf,
Wir reisten Hand in Hand.
An deinen Haaren, helles Fest im Morgen,
Irr flogen Küsse hoch
Und stachen reifen Wahnsinn in mein Blut.
Dann dursteten wir oft an wunden Brunnen,
Die Türme wehten stählern in dem Land.
Und unsre Schenkel, Hüften, Raubtierlenden
Stürmten durch Zonen, grünend vor Gerüchen.

EINE FRANZÖSIN IM SÄCHSISCHEN SCHWARME...

Eine Französin im sächsischen Schwarme,
Kühne Frühlinge züngelt ihr Blick,
Seichte Gewässer
Spielen die Finger über den Tisch,
Träumen die Winde von ihrem Gelächter, —
Doch das Café, die Musike und wir und mein flackernder
    Stift
Kreisen belichtet, verebben, mit Bücklingen fließend,
Und lassen gekräuselt
Im Lächeln Madonna zurück.

NACHTWACHE. ROT.
EIN ATEM RINGT IN UNS . . .

Nachtwache. Rot. Ein Atem ringt in uns.
Ein Wind will auf. Voll Fremde, Heimweh-Schluchzen.
Wir suchen irr. Nach Fleisch, nach Welt. Nach Lachen.
Wir sind umragt von uns.
Der Durchbruch stockt. Die Fesseln. Schwer das Blut.
Versenkt die Brunst, die stöhnt und aufwärts möchte.

Wir wollen Glanz und Weite, helle Höhen,
Vom Meer umweht. Und Küsse, tief ins Fleisch
Lechzende Jagd durch flammende Gebirge
Nach Panthern, Affen, Frauen
Und nach Schlaf.
Nach süßen Nächten, die uns schlafen lassen.
Wir sind nach Inseln toll in fremden Welten.
Denn wir sind außer uns: Vor unsrer Enge!
Und bauen immer heiß an unserm Traum.

MEINE NÄCHTE SIND HEISER ZERSCHRIEEN ...

Meine Nächte sind heiser zerschrieen.
Eine Wunde, die riß. Ein Mund
Zerschneidet gläsernes Weh.
Zum Fenster flackerte ein Schrei herein
Voll Sommer, Laub und Herz.
Ein Weinen kam. Und starke Adern drohten.
Ein Gram schwebt immer über unsern Nächten.
Wir zerren an den Decken
Und rufen Schlaf. Ein Strom von Blut wellt auf.
Und spült uns hoch, wenn spät der Morgen grünt.

V.
JUGEND

HART STOSSEN SICH DIE WÄNDE IN DEN STRASSEN . . .

Hart stoßen sich die Wände in den Straßen,
Vom Licht gezerrt, das auf das Pflaster keucht,
Und Kaffeehäuser schweben im Geleucht
Der Scheiben, hoch gefüllt mit wiehernden Grimassen.

Wir sind nach Süden krank, nach Fernen, Wind,
Nach Wäldern, fremd von ungekühlten Lüsten,
Und Wüstengürteln, die voll Sommer sind,
Nach weißen Meeren, brodelnd an besonnte Küsten.

Wir sind nach Frauen krank, nach Fleisch und Poren,
Es müßten Pantherinnen sein, gefährlich zart,
In einem wild gekochten Fieberland geboren.
Wir sind versehnt nach Reizen unbekannter Art.

Wir sind nach Dingen krank, die wir nicht kennen.
Wir sind sehr jung. Und fiebern noch nach Welt.
Wir leuchten leise. — Doch wir könnten brennen.
Wir suchen immer Wind, der uns zu Flammen schwellt.

WIR WACHEN SCHON EIN WENIG HELLER AUF ...

Wir wachen schon ein wenig heller auf,
Wenn uns der Mittag um die Stirnen lodert,
Wir sind schon etwas kühner und heißer gespannt.
Wenn wir im Spiegel erstrahlen noch jung von Schlaf,
Unsere Glieder betastend, prüfend das Spiel unserer
    Sehnen,
Sehen wir jedesmal silbriger uns erstarkt.
Die Häuser kommen, geflaggt mit Licht,
Leicht und befedert trägt uns das Pflaster,
Alle Passanten flammen auf und sind nah.
Elektrisch fühlen wir: Wir sind da!
Wir können schon sehen.
Wir können verstehen.
Wir können schon zeichnen
In unsern Augen,
Hart und zum Schreien wahr.
Und unterscheidend, entscheiden wir uns:
Wir haben uns unsre Verachtung gemerkt schneidend,
Und unser Ja.
Nachts,
Heimlich,
Kommen wir mit unsern Brüdern zusammen.
Wir haben den Wein aus dem Kreise verbannt:
Rausch ist unsre Gemeinsamkeit, unser Wunsch und das
    Schweben der Tat,
Beide umflackerten unsere Heimlichkeit.
Ein Wille schießt aus uns. — Erblaßt vom Warten:
Wir wissen schon den Tag. Wir fiebern schwer.

Und sind verdammt, verschwiegen uns die Zeit zu
    kürzen.
Wir sind in Gärten und Terrassen müßig hingelehnt,
Und oft will heiß das Blut nach unsern wilden Händen
    stürzen,
Weil sich der Tag zu langsam weiter dehnt.

DIE NÄCHTE EXPLODIEREN IN DEN STÄDTEN ...

Die Nächte explodieren in den Städten,
Wir sind zerfetzt vom wilden, heißen Licht,
Und unsre Nerven flattern, irre Fäden,
Im Pflasterwind, der aus den Rädern bricht.

In Kaffeehäusern brannten jähe Stimmen
Auf unsre Stirn und heizten jung das Blut,
Wir flammten schon. Und suchen leise zu verglimmen,
Weil wir noch furchtsam sind vor eigner Glut.

Wir schweben müßig durch die Tageszeiten,
An hellen Ecken sprechen wir die Mädchen an.
Wir fühlen noch zu viel die greisen Köstlichkeiten
Der Liebe, die man leicht bezahlen kann.

Wir haben uns dem Tage übergeben
Und treiben arglos spielend vor dem Wind,
Wir sind sehr sicher, dorthin zu entschweben,
Wo man uns braucht, wenn wir geworden sind.

AUFBRUCH DER JUGEND

Die flammenden Gärten des Sommers, Winde, tief und
    voll Samen,
Wolken, dunkel gebogen, und Häuser, zerschnitten vom
    Licht.
Müdigkeiten, die aus verwüsteten Nächten über uns
    kamen,
Köstlich gepflegte, verwelkten wie Blumen, die man sich
    bricht.

Also zu neuen Tagen erstarkt wir spannen die Arme,
Unbegreiflichen Lachens erschüttert, wie Kraft, die sich
    staut,
Wie Truppenkolonnen, unruhig nach Ruf der Alarme,
Wenn hoch und erwartet der Tag überm Osten blaut.

Grell wehen die Fahnen, wir haben uns heftig
    entschlossen,
Ein Stoß ging durch uns, Not schrie, wir rollen
    geschwellt,
Wie Sturmflut haben wir uns in die Straßen der Städte
    ergossen
Und spülen vorüber die Trümmer zerborstener Welt.

Wir fegen die Macht und stürzen die Throne der Alten,
Vermoderte Kronen bieten wir lachend zu Kauf,
Wir haben die Türen zu wimmernden Kasematten
    zerspalten
Und stoßen die Tore verruchter Gefängnisse auf.

Nun kommen die Scharen Verbannter, sie strammen die
    Rücken,

Wir pflanzen Waffen in ihre Hand, die sich fürchterlich
    krampft,
Von roten Tribünen lodert erzürntes Entzücken,
Und türmt Barrikaden, von glühenden Rufen umdampft.

Beglänzt von Morgen, wir sind die verheißnen Erhellten,
Von jungen Messiaskronen das Haupthaar umzackt,
Aus unsern Stirnen springen leuchtende, neue Welten,
Erfüllung und Künftiges, Tage, Sturmüberflaggt!

NACHWORT

Am 26. September 1914 fiel der Leutnant und Kompagnieführer E. W. L o tz auf dem westlichen Kriegsschauplatz.

E. W. Lotz wurde 1890 in Culm a. d. W. geboren, lebte in Wahlstadt, Karlsruhe, Plön und im Kadettenkorps Lichterfelde. Mit 17 Jahren wurde er Fähnrich im Infanterie - Regiment Nr. 143 zu Hamburg, nach dem Besuch der Kriegsschule in Cassel Leutnant im gleichen Regiment. Anderthalb Jahre war er Offizier, dann nahm er den Abschied.

Das Gedichtbuch „Wolkenüberflaggt" wurde von E. W. Lotz im Sommer 1914 für den Druck vorbereitet. Es enthält im wesentlichen Gedichte aus seinem letzten Lebensjahr.

Die Herausgabe des gesamten literarischen Nachlasses, soweit er bei kritischer Durchsicht der Veröffentlichung wert erschien, habe ich mir für die Zeit nach dem Kriege vorbehalten.

Henny Lotz

INHALT

ERSTER TEIL

I. Glanzgesang

II. Wolkenüberflaggt

III. Bilder

www.ingramcontent.com/pod-product-compliance
Lightning Source LLC
Chambersburg PA
CBHW021630270326
41931CB00008B/959